AF602492

EXTRAIT DES EDITS,

CONCERNANT les Fabrications des Especes d'Or & d'Argent, depuis l'Edit du mois de Septembre 1640. & des Arrêts du Conseil qui ont ordonné des augmentations ou diminutions sur lesdites Especes, depuis 1689. jusqu'au mois de Juin 1727. avec les Empreintes de chacune desdites Especes.

A PARIS,

Chez CLAUDE GIRARD, Grand'Salle du Palais, Au Nom de Jesus, vis-à-vis la Grande-Chambre.

On trouve dans la même Boutique tous les Edits, Declarations, Arrests & Reglemens sur toutes sortes de Matieres, tant en Recueil que par Pièces détachées.

Valeur actuelle des especes d'or et d'argent, avec les Empreintes desdites especes, tant de celles qui ont cours dans le Commerce, que de celles qui sont reçuës aux Bureaux des Recettes de Sa Majesté, et aux Hôtels des Monnoyes, suivant l'arrest du Conseil du 15. Juin 1726. prorogé par celuy du 9. Decembre 1727. jusques et compris le premier Juillet 1728.

Avec l'extrait des Edits concernant les fabrications des Espéces d'or et d'argent, depuis L'Edit du mois de Septembre 1640. et des Arrêts du Conseil qui ont ordonné des augmentations ou diminutions sur lesdites espéces, depuis 1689. jusqu'au mois de Juin 1727. avec les empreintes de chacune desdites espéces.

EMPREINTES de tous les Louis d'Or et Ecus fabriqués ou
1 Edit de Septembre 1640.
Loüis d'Or de 36. 1/4 au marc poids de 5. deniers 6. grains
Ecus de 9. au marc poids de 21. deniers
1640 SIT NOMEN DOMINI BENEDICTUM
2 Edit de Decembre 1689.
Loüis d'Or de 35. 1/4 au marc poids de 5. deniers 6. grains
Ecus de 9. au marc poids de 21. deniers
1691 SIT NOMEN DOMINI BENEDICTUM
5 Edit de May 1704.
Loüis d'Or de 36. 1/4 au marc poids de 5. deniers 6. grains
Ecus de 9. au marc poids de 21. deniers
1704 SIT NOMEN DOMINI BENEDICTUM
6 Edit de May 1709.
Loüis d'Or de 30. au marc poids de 6. deniers 9. grains
Ecus de 8. au marc poids de 23. d. 18. g
1709 SIT NOMEN DOMINI BENEDICTUM
9 Edit de May 1718.
Loüis d'Or de 25. au marc poids de 7. deniers 16. grains
Ecus de 10. au marc poids de 19. deniers
1718 SIT NOMEN DOMINI BENEDICTUM
CHRISTUS REGNAT VINCIT IMPERAT
10 Edit de Septembre 1720.
Loüis d'Or de 25. au marc poids de 7. deniers 16 grains
Ecus de 10 au marc poids de 19 deniers
1720 SIT NOMEN DOMINI BENEDICTUM
CHRISTUS REGNAT VINCIT IMPERAT

reformés depuis l'Edit du mois de septembre Mil six cens quarante
3
Edit de Septembre 1693.
Loüis d'Or de 36. 1/4 au marc poids de 5. deniers 6. grains
Ecus de 9. au marc poids de 21. deniers
1693 SIT NOMEN DOMINI BENEDICTUM
4
Edit de Septembre 1701.
Loüis d'Or de 36. 1/4 au marc poids de 5. deniers 6 grains
Ecus de 9. au marc poids de 21 deniers
1701 SIT NOMEN DOMINI BENEDICTUM
7
Edit de Decembre 1715
Loüis d'Or de 30 au marc poids de 6. deniers 9. grains
Ecus de 8 au marc poids de 23 d. 18 g.
1715 SIT NOMEN DOMINI BENEDICTUM
8
Edit de Nouembre 1716.
Loüis d'Or de 20. au marc poids de 9 den. 14. grains
11
Edit d'aoust 1723
Loüis d'Or de 37. 1/2 au marc poids de 5. deniers 2. grains
12
Edit de Septemb. 1724
Ecus de 10. 3/8 au marc poids de 18. deniers grains
1724 SIT NOMEN DOMINI BENEDICTUM
13
Edit de Janvier 1726.
Loüis d'Or de 30. au marc poids de 6. deniers 9. grains
Ecus de 8. 3/10 au marc poids de 23. deniers 1. grain
1726 SIT NOMEN DOMINI BENEDICTUM

EXPLICATION

DES Marques & Empreintes des Loüis d'Or & Ecus repris, tant à la Table où ſont gravées leſdites Eſpeces, qu'au preſent Extrait.

PREMIER EDIT.

LEs Loüis d'Or de 36. un quart au marc du poids de 5. deniers 6. grains, ont été fabriqués par Edit du mois de Septembre 1640. & ont pour empreinte, quatre L. doubles en croix couronnées, cantonnées de quatre Fleurs de Lys avec le different des Monnoies dans le milieu de la Croix.

Les Ecus de 9. au marc du poids de 21. deniers fabriqués par le même Edit, ont pour empreinte l'Ecuſſon aux Armes de France.

II.

Par Edit du mois de Decembre 1689. il a été ordonné une nouvelle Fabrication de Loüis d'Or de 36. un quart au marc du poids de 5. deniers 6. grains, avec une réformation des anciens, qui ont pour empreinte l'Ecuſſon aux Armes de France.

Par le même Edit, il a été ordonné une nouvelle Fabrication d'Ecus de 9. au marc du poids de 21. deniers, avec une reformation des anciens qui ont pour empreinte quatre L. doubles en croix couronnées, cantonnées de quatre Fleurs de Lys, avec le different des Monnoies dans le milieu de la Croix.

III.

Par Edit du mois de Septembre 1693, les Loüis d'Or de 36. un quart au marc du poids de 5. deniers 6. grains, ont été reformés & ont pour empreinte une Croix composée de quatre Fleurs de Lys couronnées, cantonnées de quatre L. avec le different des Monnoies dans un cercle au milieu.

Par le même Edit, les Ecus de 9. au marc du poids de 21. deniers, ont été reformés & ont pour empreinte l'Ecusson aux Armes de France en rond, accollé par deux Palmes avec le different des Monnoies au bas.

IV.

Par Edit du mois de Septembre 1701. les Loüis d'Or de 36. un quart au marc du poids de 5. deniers 6. grains, ont été reformés & ont pour empreinte quatre L. doubles en croix couronnées, avec le Sceptre & la main de Justice passée en sautoir, avec le different des Monnoies dans un cercle au milieu de la Croix.

Par le même Edit les Ecus de 9. au marc du poids de 21. deniers, ont été reformés & ont pour empreinte l'Ecusson de France en rond avec le Sceptre & la main de Justice passés en sautoir & dans le champ au bas, le different des Monnoies.

V.

Par Edit du mois de May 1704. il a été ordonné une fabrication de Loüis d'Or de 36. un quart au marc du poids de 5. deniers 6. grains, avec une reformation des anciens, qui ont pour empreinte une Croix de quatre Fleurs de Lys couronnées, avec le Sceptre & la main de Justice en sautoir & au milieu le different des Monnoies dans un cercle.

Par le même Edit, il a été ordonné une fabrication d'Ecus de 9. au marc du poids de 21. deniers avec une reformation des anciens, qui ont pour empreinte quatre L. doubles en croix, couronnées, cantonnées de quatre Fleurs de Lys, & au milieu trois Fleurs de Lys dans un cercle, & au bas le different des Monnoies.

VI.

Les Loüis d'Or de 30. au marc du poids de 6. deniers 9. grains fabriqués par Edit du mois de May 1709, ont pour empreinte quatre L. doubles en croix, couronnées, cantonnées de quatre Fleurs de Lys & dans le milieu un soleil.

Les Ecus de 8. au marc du poids de 23. deniers 18. grains fabriqués en execution du même Edit, ont pour empreinte trois Couronnes, cantonnées de trois Fleurs de Lys en pairles & le different des Monnoies dans le milieu.

VII.

Les Loüis d'Or fabriqués ou reformés par Edit du mois de Decembre 1715. sont de 30. au marc du poids de 6. deniers 9. grains, & ont pour empreinte l'Ecu de France en rond surmonté d'une Couronne, le Sceptre & la main de Justice en sautoir.

Les Ecus fabriqués ou reformés en vertu du même Edit, sont de 8. au marc du poids de 23. deniers 18. grains, & portent l'empreinte de l'Ecu de France en rond, surmonté d'une Couronne & le different des Monnoies au bas.

VIII.

Lés Loüis d'Or de 20. au marc du poids de 9. deniers 14. grains, fabriqués par Edit du mois de Novembre 1716. ont pour empreinte, quatre Ecussons aux Armes de France & de Navarre en croix, cantonnées de quatre Fleurs de Lys avec le different des Monnoies dans le milieu.

IX.

Les Loüis d'Or fabriqués en consequence de l'Edit du mois de May 1718. qui sont de 25. au marc, du poids de 7. deniers 16. grains, ont pour empreinte la Croix de Malte, avec trois Fleurs de Lys au milieu dans un cercle, le different des Monnoies au bas.

Les Ecus de 10. au marc du poids de 19. deniers de la même fabrication, ont pour empreinte l'Ecu échancré, cantonné au premier & quatriéme de France, au deuxiéme & troisiéme de Navarre, le different des Monnoies au bas.

Nota. Les Pieces appellées Loüis d'Argent fin par Edit du mois de Decembre 1719. ont l'empreinte de deux L. adossées & couronnées.

Nota. Les tiers d'Ecus, fabriqués par Edit du mois de Mars 1720. ont l'empreinte de quatre L. doubles en croix, couronnées & cantonnées de quatre Fleurs de Lys, avec le different des Monnoies dans le milieu de la Croix.

X.

Les Loüis d'Or de 25. au marc du poids de 7. deniers 16. grains, fabriqués & reformés en consequence de l'Edit du mois de Septembre 1720. ont l'empreinte de deux L. adossées & couronnées entre deux Fleurs de Lys, & une en pointe, avec le different des Monnoies au bas.

Les Ecus de 10. au marc du poids de 19. deniers, fabriqués & reformés en vertu du même Edit, ont l'empreinte de l'Ecu de France en plein, couronné comme les Ecus de 9. au marc, fabriqués en 1640. avec le different des Monnoies au bas.

XI.

Les Loüis d'Or de 37. & demy au marc, du poids de 5. deniers 2. grains, fabriqués par Edit du mois d'Août 1723. ont pour empreinte deux L. en chiffre, Couronnées, enfermées de deux Palmes liées en dessous, & le different des Monnoies au bas.

XII.

Les Ecus de 10. trois huitiémes au marc du poids de 18. deniers 12. grains, fabriqués par Edit du mois de Septembre 1724. ont pour empreinte quatre Fleurs de Lys en croix, surmontées chacune d'une Couronne & cantonnées de quatre L. doubles, & dans le bas le different des Monnoies.

XIII.

Les Loüis d'Or de 30. au marc, du poids de 6. deniers 9. grains, fabriqués par Edit du mois de Janvier 1726. ont pour empreinte les Ecus de France & de Navarre, en rond accolés, surmontés d'une Couronne, & le different des Monnoies dans le champ au bas.

Les Ecus de 8. & trois dixiémes au marc, du poids de 23. deniers 1. grain, de la même fabrication; ont pour empreinte l'Ecusson de France en rond; surmontés d'une Couronne au milieu, de deux branches de Laurier recroisantes en dessous, & le different des Monnoies au bas.

VALEUR DES ESPECES D'OR ET D'ARGENT.

LES Fabrications & reformations, survenües depuis l'Edit du mois de Septembre 1640. & les diminutions ou augmentations indiquées sur icelles, depuis l'Edit du mois de Decembre 1689.

SÇAVOIR;	*Livres.*	*Sols.*	*Deniers.*	
Par Edit du mois de Decembre 1689. les Loüis d'Or, tant de la nouvelle fabrication que réformés à l'Ecusson des Armes de France, ont eu cours au premier Janvier 1690. pour - - -	12	10		*1689. Nouvelle Fabrication & Reforme.*
Les Ecus pour - - -	3	6		
Les demis, quarts, &c. à proportion				
Par la Declaration du 28. Août 1691. les Pieces qui avoient cours pour trois sols six deniers, ont été reformées & ont eu cours pour - -	-	4		*1691. Reformation des Pieces de 3. sols 6. den. à 4. s.*
Par Arrêt du 22. Juillet 1692. les Loüis reformés ont été diminués au premier Août ensuivant de cinq sols & n'ont eu cours que pour -	12	5		
Les Ecus de la même fabrication pour -	3	5		
Par Edit du mois d'Octobre 1692. les Sols marquez, appellez Douzains, ont été reformez, & l'on en fabriqua qui eurent cours pour -	-	1	3	*1692. Reformation des sols marquez.*
Par Arrêt de Decembre 1692. les Loüis d'Or ont été reduits au premier Janvier ensuivant à	12			
Les Ecus à - - - -	3	4		
Par la Declaration du 9. Juin 1693. l'on fabriqua des Liards qui ont eu cours pour -	-	-	3	*1693. Fabrication des Liards.*
Par Arrêt du 16. Juin 1693. les Loüis d'Or ont été reduits le premier Juillet ensuivant à -	11	15		
Les Ecus à - - - - -	3	3		
Par Arrêts des 16. Juin & 26 Juillet 1693. les Loüis d'Or ont été reduits, à commencer au premier Août ensuivant à - - -	11	10		
Et les Ecus reduits à - - -	3	2		

1693. *Reformation des Loüis & Ecus.*	Par Edit de Septembre & Declaration du 11. Octobre 1693. les Loüis reformez ont eu cours au premier jour dudit Octobre pour - -	14		
	Les Ecus pour - - - - -	3	12	
	Le premier Janvier 1700. lesdites especes ont été reduites : Sçavoir ; Les Loüis d'Or à - -	13	15	
	Les Ecus à - - - - -	3	11	
	Le 1. Févier les Loüis d'Or ont été reduits à	13	10	
	Les Ecus à - - - - - -	3	10	
	Le premier Avril les Loüis d'Or à - -	13	5	
	Les Ecus à - - - - - -	3	9	
	Le premier Juin les Loüis d'Or à -	13		
	Les Ecus à - - - - - -	3	8	
	Par Arrêts des 30. Novembre & 21. Decembre 1700. les Loüis d'Or ont été reduits au premier Janvier 1701. à - - - - -	12	15	
	Les Ecus à - - - - -	3	7	
	Les pieces de quatre sols à - - - -	-	3	9
	Le premier Avril ensuivant les Loüis d'Or à	12	10	
	Les Ecus à - - - - -	3	6	
	Par Arrêt du 28. Juin 1701. les Loüis d'Or ont été reduits au premier Juillet à - -	12		
	Les Ecus à - - - - - -	3	5	
	Les demis, quarts & douziémes à proportion.			
	Par Arrêt du 19. Sept. 1701. les Loüis d'Or ont été augmentez & ont eu cours dés ledit jour, pour	12	10	
	Les Ecus pour - - - - - -	3	7	6
	Les demis, quarts & douziémes à proportion.			
	Par la Declaration du 27. Septembre 1701. les Loüis d'Or ont été augmentez & ont eu cours pour	13		
	Les Ecus pour - - - - - -	3	10	
	Les demis, quarts & douziémes à proportion.			
	Les Pieces de trois sols neuf deniers pour -	-	4	
1701. *Nouvelle Fabrication des Loüis & Ecus.*	Par Edit du mois de Septembre & Declaration du 27. dudit mois 1701. les Loüis d'Or de nouvelle fabrication reformez ont eu cours au quatre Octobre pour - - - - - - -	14		
	Les Ecus pour - - - - -	3	16	

Par la

Par la Declaration du 14. Mars 1702. les pieces de 4. sols ont été reformées & ont eu cours pour	-	5		1702. Reformation des Pieces de 4. sols.
Par Arrêt du 22. Août 1702. les Loüis d'Or ont été reduits au premier Septembre ensuivant à	13	15		
Les Ecus à - - - - - -	3	14		
Les Pieces de cinq sols à - - -	-	4	10	
Par Arrêt du 17. Octobre 1702. les Loüis d'Or ont été reduits au premier Janvier 1703. à -	13	10		
Les Ecus à - - - - - -	3	12		
Les pieces de cinq sols à - - -		4	8	
Les pieces de quatre sols à - - -		3	11	
Par la Declaration du 29. May 1703. il fut fabriqué des pieces de dix sols qui ont eu cours pour	-	10		1703. Fabrication des Pieces de 10. sols.
Par Arrêt du 14. Juillet 1703. les Loüis d'Or ont été reduits au premier Août ensuivant à -	13	5		
Les Ecus à - - - - - - -	3	11		
Les Pieces de cinq sols reformées à - -	-	4	9	
Par Arrêt du 21. Août 1703. les Loüis d'Or ont été reduits, pour avoir cours au premier Octobre ensuivant à - - - - - -	13			
Les Ecus à - - - - -	3	10		
Par Arrêt du 30. Octobre 1703. les Loüis d'Or & Ecus reformez ou non reformez ont continué d'avoir cours, conformément au précedent Arrêt. Mais les Pieces de quatre sols reformées ont été reduites à - - - - - - -	-	3	10	
Par Arrêt du premier Avril 1704. les Loüis d'Or ont été reduits au premier May ensuivant à -	12	15		
Les Ecus à - - - - - -	3	9		
Les demis, quarts, &c. à proportion				
Les Pieces de cinq sols pour - -	-	4	6	
Par le même Arrêt les Loüis d'Or ont été reduits au 15. May à - - - - -	12	10		
Les Ecus à - - - - -	3	8		
Par Edit du mois de May 1704. l'on a fabriqué des Especes, & reformé les anciennes ; les Loüis d'Or ont eu cours pour - - - -	15			1704. Nouvelle Fabrication & Reforme.
Les Ecus pour - - - - -	4			

Nota que le 1. Novembre 1704. les Especes non reformées ont été décriées dans le commerce, permis néanmoins de les mettre aux Hôtels des Monnoyes & Bureaux de Sa Majesté sur le pied; Sçavoir,			
Les Loüis d'Or à - - - - -	12	10	
Les Ecus à - - - - -	3	8	
Par Arrêt du 20. Janvier 1705. les Loüis d'Or neufs & reformez ont été diminuez de 5. sols & ont eu cours le premier Février pour - -	14	15	
Les Ecus pour - - - - -	3	19	
Par Arrêt du 19. May 1705. les mêmes Loüis d'Or ont été reduits au premier Juillet ensuivant à	14	10	
Les Ecus à - - - - -	3	18	
Par Arrêt du 7. Juillet 1705. les mêmes Loüis d'Or ont été reduits, pour avoir cours au premier Septembre ensuivant à - - - -	14	5	
Les Ecus à - - - - -	3	17	6
Nota qu'au mois de Novembre 1705. les Especes non reformées ont été permises dans le commerce, & ont eu cours comme les nouvelles.			
Par Arrêt du 17. Septembre 1705. les Loüis d'Or tant vieux que neufs, ont été reduits pour avoir cours au premier Janvier 1706. à - -	14		
Les Ecus à - - - - - -	3	16	
Le 1. Mars 1706. les Loüis d'Or ont été reduits à	13	15	
Les Ecus à - - - - -	3	14	
Par Arrêts des 25. May & 8. Juin 1706. les Loüis d'Or ont été reduits au premier Juillet ensuivant à	13	10	
Les Ecus à - - - - -	3	12	
Les pieces de dix sols à - - -	-	9	6
Par Arrêt du 27. Novembre 1706. les Loüis d'Or ont été reduits au premier Janvier 1707. à	13	5	
Les Ecus à - - - - - -	3	11	
Par Arrêt du 9. Août 1707. les Pieces de neuf sols 6. deniers ont été remises le quinze dudit mois à	-	10	
1707. Fabrication des Pieces de 20. sols. La Declaration du 9. Août 1707. ordonne la fabrication des Pieces de vingt sols - -	1		

	livres	sols	deniers
Par Arrêts des 31. Janvier & 14. Février 1708. les Loüis d'Or ont été reduits pour avoir cours au premier Mars à - - - - - -	13		
Les pieces de vingt sols à - - - -	-	18	
Celles de dix sols à - - - - - -	-	9	
Le premier Avril 1708. les Ecus à - -	3	10	
Les pieces de dix-huit sols à - - -	-	17	
Les pieces de neuf sols à - - -	-	8	6
Les pieces de quatre sols six deniers à -	-	4	3
Par Arrêt du 17. Avril 1708. les pieces de dix-sept sols ont été reduites au premier Juin à -	-	16	
Les pieces de huit sols six deniers à - -	-	8	
Les pieces de quatre sols trois deniers à - -	-	4	
Par Arrêt du 21. Juillet 1708. les pieces de seize sols ont été reduites au 1. Août ensuivant à	-	15	6
Les pieces huit sols à - - -	-	7	9
Par Arrêt du 20. Novembre 1708. les Loüis d'Or ont été diminuez de 5. sols, & ont eu cours au premier Janvier 1709. pour - - -	12	15	
Les Ecus pour - - - -	3	8	
Les pieces de vingt sols pour - -	-	15	
Les pieces de dix sols pour - - -	-	7	6
Les pieces de quatre sols pour - -	-	3	9
Par Arrêt du 19. Février 1709. les Loüis d'Or ont été reduits au seize Mars ensuivant à - -	12	10	
Les Ecus à - - - - -	3	5	
Les pieces de vingt sols à - - -	-	14	6
Les pieces de dix sols à - - -	-	7	3
Les pieces de quatre sols à - -	-	3	6

Nota que depuis 1640. jusqu'à cette année 1709. les Loüis d'Or ont été de 36. un quart au Marc, & les Ecus de 9 au marc.

Au mois d'Avril 1709. il y eut un Edit qui ordonnoit une nouvelle fabrication de Loüis d'Or à 16. liv. 10. sols, & les Ecus à quatre liv. huit sols.

Le Roy a donné un autre Edit au mois de May 1709. qui a été enregistré en la Cour des Monnoyes le 14. dudit mois 1709. *Nouvelle Fabrication d'Especes.*

qui a ordonné qu'il seroit fabriqué des Loüis d'Or à la marque de 8. L. & un Soleil au milieu, du poids de 6. deniers 9. grains à la taille de 30. au marc, & ont eu cours pour	20		
Les doubles & demis à proportion.			
Les Ecus de 8. au marc du poids de 23. deniers 18. grains, appellez les Ecus aux trois Couronnes pour	5		
Par le même Edit il a été ordonné, que jusqu'à la fin d'Août 1709. les Loüis d'Or & les Ecus, Pieces de 20. sols & de dix sols, tant fabriquées que reformées avant le present Edit, seroient reçûës & exposées;			
Sçavoir,			
Les Loüis pour	12	10	
Les Ecus pour	3	5	
Les pieces de 20. sols pour	-	14	6
Les pieces de dix pour	-	7	3
Les pieces de quatre sols pour	-	3	6
Il fut défendu de recevoir lesdites Especes sur un plus haut pied à peine de confiscation, comme il est plus amplement porté par ledit Edit.			
Par Arrêt du 14. May 1709. les anciens Loüis d'Or ont augmenté de 10. sols & ont eu cours pour	13		
Les anciens Ecus pour	3	10	
Les pieces de vingt sols pour	-	14	6
Les pieces de dix sols pour	-	7	3
Par Arrêt du 4. Juin 1709. les anciennes especes ont augmenté pendant ledit mois; Sçavoir,			
Les anciens Loüis d'Or pour	13	5	
Les anciens Ecus pour	3	12	
Les pieces de vingt sols pour	-	15	
Les pieces de dix sols pour	-	7	6
Nota que toutes les anciennes Especes qui ont été fabriquées en France ou dans les Païs étrangers ont été décriées de tout cours.			
Par Arrêt du 28. Decembre 1709. lesdites especes pouvoient être reçûës dans les Bureaux de Recettes du Roy;			

Sçavoir,

Sçavoir,			
Les Loüis d'Or pour - - -	13	10	
Les Ecus pour - - - -	3	13	
Par Edit du mois de Septembre 1709. il a été fabriqué des pieces de 30 deniers qui ont eu cours pour	-	2	6
Et le premier Janvier 1710. jusqu'au seize les pieces de vingt sols ont été reduites à - -	-	14	6
Les pieces de dix sols à - - -	-	7	3
Et depuis le seize Janvier jusqu'à la fin dudit mois, les pieces de vingt sols ont valu -	-	14	
Les pieces de dix sols - - -	-	7	
Par Arrêt du 30. Septembre 1713. il a été ordonné des diminutions sur les Loüis d'Or de 30. au marc & les Ecus de 8. au marc, fabriquez par l'Edit de May 1709. Sçavoir,			
Au premier Decembre 1713. les Loüis d'Or à	19	10	
Les Ecus à - - - - -	4	17	6
Au premier Février 1714. les Loüis d'Or à -	19		
Les Ecus à - - - - -	4	15	
Les demis, quarts, dixiémes, &c. à proportion.			

1709. *Fabrication des Pieces de 30. deniers.*

Nota. *Que par Arrêt du 3. Février 1714. il a été fait défense d'exposer les Especes de billon, autrement qu'en détail, ni plus d'un trentième dans les payemens au dessus de dix livres, à peine de 3000. livres d'amende.*

Au premier Avril 1714. les Loüis d'Or ont été reduits suivant & conformément à l'Arrêt du 30. Septembre 1713. à - - - -	18	10	
Les Ecus à - - - - -	4	12	6
Les demis, quarts, &c. à proportion			
Les pieces de trente deniers à - - -	-	2	3
Les sols ou douzains à - - - -	-	1	5
Au premier Juin lesdits Loüis ont été reduits à	18		
Les Ecus à - - - - -	4	10	
Les demis, quarts, &c. à proportion			
Les pieces de trente deniers à - - -	-	2	
Les sols ou douzains à - - -	-	1	3
Au premier Septembre lesdits Loüis d'Or à -	17		

Les Ecus à - - - - -	4	5	
Les demis, quarts, &c. à proportion.			

Nota. *Que la diminution, qui par l'Arrêt du 30. Septembre 1713. avoit été indiquée pour Decembre, fut partagée moitié au quinze Octobre: & l'autre moitié au premier Decembre 1713. l'Arrêt du 30. Septembre, au surplus executé.*

Par Arrêt du 15. Août 1714. il fut ordonné que les Loüis d'or de 30. au marc n'auroient cours au quinze Octobre ensuivant que pour - -	16	10	
Les Ecus de 8. au marc pour - - -	4	2	6
Et au premier Decembre que pour - -	16		
Et les Ecus pour - - - -	4		
Par Arrêt du 8. Decembre 1714. il y eut quatre diminutions indiquées; SÇAVOIR,			
Au premier Février 1715. le Loüis d'or a été fixé à	15	10	
L'Ecu à - - - - - -	3	17	6
Au premier Avril ensuivant, le Loüis à -	15		
L'Ecu à - - - - - -	3	15	
Au premier Juin les Loüis d'or à - -	14	10	
Les Ecus à - - - - - -	3	12	6
Et au premier Août les Loüis à - -	14		
Les Ecus à - - - - - -	3	10	

Cette diminution indiquée pour le premier Août, n'eût son execution que le premier Septembre 1715. conformément à l'Arrêt du 23. Juillet audit an.

Par Arrêt du 12. Octobre 1715. les pieces de 24. deniers ont été reduites à - - - - -	-	1	9
Les Douzains à - - - - -	-	1	3

1715. Reformation des Especes. Par Edit du mois de Decembre 1715. il a été ordonné une reforme des Especes fabriquées en consequence de l'Edit du mois de May 17[illegible]9.

Les nouvelles Especes reformées ont eu cours dés le [illegible] mois; Sçavoir, les Loüis d'or pour -	20		
Les Ecus pour - - - - -	5		
Les Especes non reformées ont été augmentées &			

ont eu cours ; SÇAVOIR,

Lès Loüis d'Or pour - - - - - 16

Les Ecus pour - - - - - - 4

Par Edit du mois de Novembre 1716. le Roy a ordonné une nouvelle fabrication de Loüis d'Or du poids de 9. deniers 14. grains à la taille de 20. au marc, qui ne devoient être fabriquez qu'à l'Hôtel de la Monnoye de Paris ; mais depuis par Arrêt du 18. Février 1718. la fabrication en fût permise dans les autres Monnoyes du Royaume, lesquels Loüis d'or ont eu cours pour - - - - 30

1716. Fabrication des Loüis d'or de 20. au marc.

Par le même Edit il fut indiqué des diminutions sur les Ecus non reformez ; sçavoir, au 1. Janvier 1717. pour - - - - - - - 3 18 9

Les demis, quarts & douziémes à proportion.

Au premier Février 1717. pour - - 3 15

Le premier Mars ensuivant les Ecus non reformez pour - - - - - - - 3 10

Par Arrêt du 30. Janvier 1717. il a été ordonné que les Loüis d'Or de vingt livres à la taille de 30. au marc, ne pourroient être exposez dans le Commerce que jusqu'au 15. Fevrier, dans la Ville & Election de Paris, & dans tout le Royaume jusqu'à la fin dudit mois, aprés quoy décriez : mais le cours en fut prorogé : SÇAVOIR,

Par deux Arrêts du 5. Mars 1717. dont le premier ordonne que lesdits Loüis d'or de vingt livres continueront d'être reçûs à la Monnoye de Paris jusqu'au dernier dudit mois : Et le second qui proroge jusqu'au premier May la diminution ordonnée sur les anciennes Especes d'Or & d'Argent par l'Art 9. de l'Edit du mois de Novembre 1716.

L'Arrêt du 5 Avril 1717. proroge jusqu'à la fin du dit mois le cours des Loüis d'or de 30. au marc.

Celuy du 24. dudit mois d'Avril proroge jusqu'au premier Juillet la diminution des Ecus à reformer, & celles des matieres d'Or & d'Argent ordonnée par l'article 9. de l'Edit de Novembre 1716.

L'Arrêt du 19. Juin 1717. proroge jusqu'au premier Septembre la diminution qui avoit été indiquée par l'Arrêt du 24. Avril.

Celuy du 31. Août 1717. proroge jusqu'au premier Decembre audit an, la diminution indiquée au premier Septembre précedent, sur lesdites anciennes Especes.

L'Arrêt du 27. Novembre 1717. proroge jusqu'au premier Fevrier 1718. la diminution indiquée au premier Decembre 1717.

Et celuy du 22. Janvier 1718. proroge jusqu'au premier Juin audit an, la diminution indiquée par l'Arrêt du 27. Novembre 1717.

Par Arrêt du 12. Fevrier 1718. il fut permis de porter aux Hôtels des Monnoyes les Especes non reformées avec des Billets d'Estat, ou des Receveurs Generaux jusqu'à la concurrence d'un sixiéme.

Par Arrêt du 26. Fevrier 1718. les Loüis d'or fabriquez & reformez à la taille de 30. au marc, ont été reçûs dans les Bureaux des Recettes de Sa Majesté seulement jusqu'au premier Avril pour	18	
Ceux de 36. un quart au marc, pour -	15	
Les Ecus de 8. au marc, pour - -	4	10
Ceux de 9. au marc, pour - - -	4	
Les demis, quarts, &c. à proportion.		

Par Arrêt du 19. Mars 1718. les anciennes Especes d'or & d'argent non reformées, ont continué d'être reçûës dans les Hôtels des Monnoyes jusqu'au premier Juin, avec un cinquiéme en sus de Billets d'Estat, ou des Receveurs Generaux.

Par autre Arrêt dudit jour 19. Mars, les Especes non reformées ont été reçûës à la piece pendant les mois d'Avril & May, pour toutes les Impositions & Droits de Sa Majesté, sur le pied fixé par l'Arrêt du 26. Fevrier 1718.

Par autre Arrêt du 16. May 1718. la permission de porter un cinquiéme en sus des Billets d'Estat, Billets des Receveurs Generaux des Finances & de leurs Caisses Communes, ou de leurs interêts desdits Billets, conformément aux Arrêts des 12. & 26. Fevrier précedens, fut prorogée jusqu'à la fin de Juillet.

Et par autre Arrêt du même jour 16. May, il a été

ordonné que les anciennes-Especes d'or & d'argent, seroient reçûës a la piece, en payement de toutes les Impositions & Droits de Sa Majesté durant les mois de Juin & Juillet.

Par Edit du mois de May 1718. il a été ordonné une refonte generale, les Loüis d'Or ont été fabriquez à la taille de 25. au marc du poids de 7. deniers 16. grains, & les Ecus à la taille de 10. au marc du poids de 19. deniers, & ont eu cours : *1718. Refonte generale des Especes.*

SÇAVOIR,

Les Loüis d'or pour - - - - -	36		
Et les Ecus pour - - - - -	6		

Par le même Edit, il a été ordonné que toutes les anciennes Especes d'or & d'argent auroient cours : SÇAVOIR,

Les Loüis d'or de 20. au marc fabriquez par Edit de Novembre 1716. pour - - -	36		
Les Loüis d'or de 30. au marc fabriquez par les Edits des mois de May 1709. & Decembre 1715. pour - - - - - - -	24		
Les anciens Loüis d'Or de 36. un quart au marc pour - - - - - - - - -	19	12	
Les Ecus de 8. au marc pour - - -	6		
Ceux de 9. au marc pour - - -	5	6	
Les sols marqués pour - - - - -		1	6
Les pieces de 30. deniers pour - - -		2	3

Par le même Edit du mois de May 1718. Enregistré en la Cour des Monnoyes le 31. dudit mois, les anciennes Especes d'Or & d'Argent ont été reçûës aux Hôtels des Monnoyes avec les 2. cinquiémes en sus en Billets d'Estat.

Par Arrêt du 17. Juillet 1718. il a été ordonné que les anciennes Especes d'Or & d'Argent continueroient d'avoir cours dans les Villes où il y a Monnoye pendant le mois d'Août sur le pied porté par l'Article 10. de l'Edit du mois de May précedent.

Par Arrêt du 20. Août 1718. les anciennes Especes d'or & d'argent ont demeuré decriées & hors de cours au premier Septembre & neanmoins ont pû étre données en payement de toutes impositions. SÇAVOIR,

Les Loüis d'or à la taille de 20. au marc pour - - - - - - - - - 36

Ceux de 30. au marc pour - - - 24

Et ceux de 36. un quart au marc pour - - 19 | 12

Les Ecus de 8. au marc pour - - - 6

Et ceux de 9. au marc pour - - - 5 | 6

Les doubles demis, quarts, dixiémes & vingtiémes desdites Especes d'or & d'argent à proportion & ont été reçûës sur le pied cy-dessus aux Hôtels des Monnoyes lors qu'elles y ont été portées sans billets d'Estat.

Par Arrêt du 20. Septembre 1718. les Ecus de 8. au marc ont eu cours pendant le mois d'Octobre pour - - - - - - - - - 6

Et les Ecus de 9. au marc ont été decriés; permis neanmoins de les porter à la Monnoye.

Par Arrêt du 20. Octobre 1718. les Ecus de 8. au marc ont été decriés; permis neanmoins de les donner en payement aux Bureaux des Recettes du Roy, les demis quarts, &c. ont eu cours dans le public pendant le mois de Novembre à proportion de six livres l'Ecu.

Par Arrêt du 20. Novembre 1718. les demis, quarts, dixiémes & vingtiémes d'Ecu de 8. au marc ont eu cours dans le commerce pendant Decembre sur le même pied de six livres l'Ecu.

Par Arrêt du 19. Decembre 1718. les demis, quarts d'Ecu de 8. au marc ont eu cours pendant Janvier sur le pied porté par l'Arrêt du 20. Septembre précedent.

1718. Fabrication des sixiémes & douziémes d'Ecus de 10. au marc.

Par la Declaration du 19. Decembre 1718. il a été fabriqué des sixiémes & douziémes d'Ecus à la taille de 10. au marc du titre porté par l'Edit du mois de May audit an, lesquels ont eu cours à proportion de ce que lesdits Ecus valoient pour lors,

SÇAVOIR, Les sixiémes pour - - 1

Et les douziémes pour - - - -		10
Par Edit de May 1719. il a été fabriqué des pieces de 12. deniers & de 6. deniers.		
Par Arrêt du 7. May 1719. les Loüis d'or à la taille de 25. au marc fabriqués en consequence de l'Edit du mois de May 1718. ont été diminués de 20. sols & ont eu cours ledit jour pour - -	35	
Par Edit de Juillet 1719. il a été fabriqué des pieces de trois deniers.		
Par Arrêt du 25. Juillet 1719. les Loüis d'or de 25. au marc ont été reduits à - - -	34	
Par Arrêt du 3. Août 1719. il a été fait une reduction du prix des anciennes Especes & matieres d'or à diminuer de mois en mois jusques & compris le premier Novembre, & cét Arrêt a ordonné qu'à commencer au 15. Septembre, les Ecus ne seroient plus reçûs à la Monnoye qu'au marc.		
Par Arrêt du 23. Septembre 1719. les Loüis d'or de 25. au marc ont été reduits jusqu'au 3. Decembre ensuivant à - - - - - -	33	
Les Ecus de dix au marc à - - -	5	16
Les demis, quarts, &c. à proportion.		
Par Arrêt du 3. Decembre 1719. les Loüis d'or de 25. au marc, depuis ledit jour jusqu'au premier Janvier 1720. n'ont eu cours que pour -	32	
Les Ecus de 10. au marc que pour - -	5	12
Le premier Janvier 1720. jusqu'au 26. du même mois les Loüis d'or de 25. au marc n'ont eu cours que pour - - - - - - - -	31	
Les Ecus de 10. au marc que pour - -	5	8
Par Arrêt du 10. Decembre 1719. les sixiémes ou douziémes d'Ecus de 10. au marc qui avoient cours lors dudit Arrêt pour 20. sols & 10. sols, ont été reduits : SÇAVOIR,		
Les sixiémes d'Ecu pour - - - -		18
Les douziémes pour - - - - -		9
Par Edit de Decembre 1719. il a été fabriqué des livres d'Argent fin, qui ont eu cours pour -		1

1719. Fabrication des Pieces de 12. deniers & de 6. deniers.

1719. Fabrication des Pieces de 3. deniers.

1719. Fabrication des livres d'Argent fin

Par Arrêt du 22. Janvier 1720. les Especes ont été augmentées & ont eu cours ; SÇAVOIR,			
Les Loüis d'or de 25. au marc pour - -	36		
Ceux de 20. au marc pour - - -	45		
Ceux de 30. au marc pour - - -	30		
Ceux de 36. un quart au marc pour - -	24	12	
Les Ecus de 10. au marc pour - - -	6		
Les Ecus de 8. au marc pour - - -	7	10	
Les anciens Ecus des précedentes fabrications de 9. au marc pour - - - -	6	13	4
Les demis, quarts, &c. à proportion			
Par les Arrêts des 28. & 31. Janvier & 3. Fevrier 1720. les Especes ont été reduites : SÇAVOIR,			
Les Loüis de 25. au marc à - - -	34		
Les Loüis de 20. au marc à - - -	42	10	
Ceux de 30. au marc à - - -	28	6	8
Ceux de 36. un quart au marc à - -	23	9	
Les Ecus de 10. au marc à - - -	5	13	6
Les Ecus de 8. au marc à - - -	7	1	8
Les Ecus de 9. au marc à - - -	6	6	
Dans les Monnoyes le marc d'Or à 900. liv.			
Le marc d'Argent à 60. liv.			
Par Arrêt du 25. Fevrier 1720. les Especes ont été augmentées & ont eu cours : SÇAVOIR,			
Les Loüis d'Or de 25. au marc pour - -	36		
Ceux de 20. au marc pour - - -	45		
Ceux de 30. au marc pour - - -	30		
Ceux de 36. un quart au marc pour - -	24	12	
Les Ecus de 10. au marc pour - -	6		
Les Ecus de 8. au marc pour - -	7	10	
Les Ecus de 9. au marc pour - - -	6	13	4
Les pieces de 30. deniers pour - -		3	
Les sols marqués pour - - -		2	
Les sols de billon pour - - -		2	
Les demis, quarts, &c. à proportion.			
Par l'Arrêt du 27 Fevrier 1720. il fût fait défense d'avoir plus de 500. livres chez soy.			

Par Arrêt du 5. Mars 1720. les Especes ont été augmentées & ont eu cours : SÇAVOIR,			
Les Loüis d'Or de 25. au marc pour - -	48		
Ceux de 20. au marc pour - - -	60		
Ceux de 30. au marc pour - - -	40		
Ceux de 36. un quart au marc pour - -	32	16	
Les Ecus de 10. au marc pour - - -	8		
Les Ecus de 8. au marc pour - - -	10		
Les Ecus de 9. au marc pour - - -	8	17	2
Les sixiémes d'Ecus pour - - -	1	10	
Les livres d'argent pour - - - -	1	10	
Les douziémes d'Ecus pour - - -	-	15	
Par la Declaration du 11. Mars 1720. les Especes ont été reduites le 1. Avril ensuivant. SÇAVOIR,			
Les Loüis d'or de 25. au marc à - -	36		
Ceux de 20. au marc à - - -	45		
Ceux de 30. au marc à - - -	30		
Ceux de 36. un quart au marc à - -	24	12	
Le marc d'Or reduit à - - - 900. liv.			
Et le marc d'Argent à - - - 60. liv.			
Les Especes d'or interdites dans le Commerce, permis de les porter dans le mois d'Avril seulement à la Monnoye à raison du marc de - - 750. liv.			
Et les Ecus de 10. au marc à - - -	7		
Les demis, quarts, &c. à proportion			
Ceux de 8. au marc à - - - -	8	15	
Les demis, quarts, &c. à proportion			
Ceux de 9. au marc à - - - -	7	15	
Les demis, quarts, &c. à proportion.			
Pendant le mois de May, les Especes d'Argent suivant ladite Declaration du 11. Mars ont eu cours : SÇAVOIR,			
Les Ecus de 10. au marc pour - - -	6	10	
Ceux de 8. au marc pour - - -	8	2	6
Ceux de 9. au marc pour - - -	7	4	
Les pieces de 20. sols & les livres d'argent pour	1	7	6
Les pieces de 10. sols pour - - -	-	13	9

Pendant Juin lesdites Especes suivant ladite Declaration du 11. Mars ont été reduites & ont eu cours : SÇAVOIR,

Les Ecus de 10. au marc pour - - -	6		
Ceux de 8. au marc pour - - -	7	10	
Ceux de 9. au marc pour - - -	6	13	4
Les pieces de 20. sols & les Livres d'Argent pour	1	5	
Les pieces de 10. sols pour - - -	-	12	6

1720. *Fabrication des Loüis d'Argent pour 3. livres.*

Par Edit du mois de Mars 1720. il fut ordonné une fabrication de Loüis d'argent pour 3. livres qui commencerent à diminuer au 1. May, & n'eurent cours que pour - - - - - - 2 | 15

Par Arrêt du 29. May 1720. les Especes ont été augmentées & ont eu cours, à commencer du jour de la publication jusqu'à la fin de Juin. SÇAVOIR,

Les Loüis d'Or de 25. au marc pour - -	49	10	
Ceux de 20. au marc pour - - -	61	17	6
Ceux de 30. au marc pour - - -	41	5	
Ceux de 36. un quart au marc pour - -	33	16	
Les Ecus de 10. au marc pour - - -	8	5	
Les Ecus de 8. au marc pour - - -	10	6	
Les Ecus de 9. au marc pour - - -	9	2	
Les pieces de 20. & les Livres d'argent pour -	1	7	6
Les pieces de 10. sols pour - - -	-	13	9

L'Arrêt du 1. Juin 1720. leve les défenses portées par celuy du 23. Fevrier précedent d'avoir chez soy de l'Argent au dessus de 500. livres.

Par Arrêt du 10. Juin 1720. les Especes ont été reduites, à commencer au 1. Juillet jusqu'au 16. dudit mois : SÇAVOIR,

Les Loüis d'or de vingt-cinq au marc à -	45		
Ceux de vingt au marc à - - -	56	5	
Ceux de trente au marc à - - -	37	10	
Ceux de trente six un quart au marc à -	30	15	
Les Ecus de dix au marc à - - -	7	10	
Les Ecus de huit au marc à - - -	9	7	6
Les Ecus de neuf au marc à - - -	8	6	

Les Loüis d'argent à - - -	2	10	
Les livres d'argent & ſixiémes d'Ecu à -	1	5	
Les douziémes d'Ecu à - - -	-	12	6

Le 16 de Juillet les Eſpeces ont été reduites :

SÇAVOIR,

Les Loüis d'or de vingt-cinq au marc à -	40	10	
Ceux de vingt au marc à - - -	50	12	
Ceux de trente au marc à - - -	33	15	
Ceux de trente-ſix un quart au marc à -	27	12	
Les Ecus de dix au marc à - - -	6	15	
Les Ecus de huit au marc à - - -	8	8	9
Les Ecus de neuf au marc à - - -	7	10	
Les Loüis d'argent à - - -	2	5	
Les livres d'argent & ſixiémes d'Ecus à -	1	2	6
Les demis à - - - -	-	11	3

Par Arrêt du 30. Juillet 1720. les Eſpeces d'or & d'argent ont été augmentées & ont eu cours:

SÇAVOIR

Les Loüis d'or de vingt-cinq au marc pour -	72		
Ceux de 20. au marc pour - - -	90		
Ceux de 30. au marc pour - - -	60		
Ceux de 36. un quart au marc pour - -	49	12	
Les Ecus de 10. au marc pour - - -	12		
Les demis quarts, &c. à proportion			
Les Ecus de huit au marc pour - - -	15		
Les demis quarts, &c. à proportion			
Les Ecus de neuf au marc pour - - -	13	6	8
Les Loüis d'argent pour - - -	4		
Les Livres d'argent & ſixiémes d'Ecus pour -	2		
Les demis pour - - - -	1		

Par Arrêt du 31. Juillet 1720. Les pieces cy-devant fabriquées pour 30. deniers, ont été augmentées & ont eu cours pour - - - - - - - | - | 5 |

Les pieces de Billon ou ſols marqués pour -	-	3	6
Les ſols de cuivre pour - - -	-	2	8
Les pieces de deux liards pour - - -	-	1	4
Les liards pour - - - - -	-	-	8

Par l'Arrêt cy-deſſus du trente Juillet 1720. il

a été indiqué des diminutions sur les Especes, lesquelles ont eu leur execution : SÇAVOIR,

Au premier Septembre les Loüis d'or de vingt-cinq au marc ont été reduits à	63		
Ceux de vingt au marc à	78	15	
Ceux de trente au marc à	52	10	
Ceux de trente-six un quart au marc à	43	8	
Les Ecus de dix au marc à	10	10	
Ceux de huit au marc à	13	2	6
Ceux ds neuf au marc à	11	13	4
Les Loüis d'argent à	3	10	
Les livres d'argent & sixiémes d'Ecus à	1	15	
Les demis à	-	17	6
Au seiziéme Septembre			
Les Loüis d'or de vingt-cinq au marc à	54		
Ceux de vingt au marc à	67	10	
Ceux de trente au marc à	45		
Ceux de trente-six un quart au marc à	37	4	
Les Ecus de dix au marc à	9		
Ceux de huit au marc à	11	5	
Ceux de neuf au marc à	10		
Les Loüis d'argent à	3		
Les livres d'argent & sixiémes d'Ecus à	1	10	
Les demis à	-	15	
Au premier Octobre			
Les Loüis d'or de vingt-cinq au marc à	45		
Ceux de vingt au marc à	56	5	
Ceux de trente au marc à	37	10	
Ceux de trente-six un quart au marc à	31		
Les Ecus de dix au marc à	7	10	
Ceux de huit au marc à	9	7	6
Ceux de neuf au marc à	8	6	8
Les Loüis d'argent à	2	10	
Les livres d'argent & sixiémes d'Ecus à	1	5	
Les demis à	-	12	6
Par Arrêt du 21. Septembre 1720. les pieces dites de 30. deniers ou Mousquetaires ont été reduites à	-	3	9
Les sols marqués à	-	2	8

Les sols de cuivre à - - - - -	-	2	
Les demis à - - - - -	-	1	
Les liards à - - - - - -	-	-	6
Par Edit du mois de Septembre 1720. il fut ordonné que les Loüis de vingt-cinq au marc seroient reformés & auroient cours pour - -	54		
Les Ecus de dix au marc furent reformés & eurent cours pour - - - - - -	9		
Les Loüis d'argent reformés pour - -	3		
Les demis, tiers, &c. à proportion.			

1720. Reformation des Loüis d'Or de 25. au marc & des Ecus de 10. au marc

Par Arrêt du 24. Octobre 1720. les diminutions indiquées pour le premier de Novembre n'ont eu lieu qu'au premier Decembre, auquel jour les anciennes & nouvelles Especes ont été reduites :

SÇAVOIR.

Les anciens Loüis d'or de vingt-cinq au marc à -	36		
Ceux de 20. au marc à - - -	45		
Ceux de trente au marc à - - -	30		
Ceux de trente-six un quart au marc à -	24	12	
Les anciens Ecus de dix au marc à - -	6		
Ceux de huit au marc à - - -	7	10	
Ceux de neuf au marc à - - -	6	12	
Les Livres d'argent & sixiémes d'Ecus à -	1		
Les pieces de dix sols à - - -	-	10	

Les Especes fabriquées en consequence de l'Edit de Septembre 1720. ont été reduites ledit jour premier Decembre :

SÇAVOIR,

Les Loüis d'or de 25. au marc à l'Empreinte de deux L. à - - - - - - -	45		
Les Ecus de neuf au marc à l'Empreinte de l'Ecusson de France à - - - -	7	10	
Les Loüis d'argent à la même Empreinte à -	2	10	
Par Arrêt du 24. Novembre 1720. les pieces dites de trente deniers furent reduites ledit jour à - -	-	3	
Les sols marqués à - - - - -	-	2	3
Les sols de cuivre à - - - - -	-	1	8
Les demis & pieces de deux liards à - - -	-	-	10

Les quarts & liards à - - - -	-	-	5
Par Arrêt du 30. Avril 1721. les sols de cuivre furent reduits à - - - - -	-	1	6
Les demis sols de cuivre à - - - -	-	-	9
Les quarts & liards, du jour de la publication à	-	-	4 1/2
Par Arrêt du 3. Juin 1721. les sols ou douzains furent reduits à - - - - -	-	2	1
Par Arrêt du 5 Août 1721. les sols furent reduits à - - - - - - - -	-	1	4
Les demis sols à - - - - -	-	-	8
Les liards de France à - - - - -	-	-	4
Par Arrêt du 21. Juillet 1723. les Loüis d'or de 25. au marc fabriqués & reformés en execution de l'Edit du mois de Septembre 1720. qui avoient cours pour 45. livres ont été reduits à - -	44		
Les doubles & demis à proportion.			
Les sols ou douzains pour - - - -	-	2	
Les Especes d'argent ont continué d'avoir cours conformément à l'Arrêt du 24. Octobre 1720. ainsi que la valeur des matieres d'or & d'argent & Especes non reformées.			
Par ledit Arrêt du 21. Juillet, il a été ordonné qu'en portant aux Hôtels des Monnoyes un huitiéme en Certificats de liquidation & sept huitiémes en matieres d'or & d'argent ou Especes non reformées, la valeur du total y seroit payée comptant en Especes fabriquées par l'Edit de Septembre 1720. Les Loüis d'or de 25. au marc fabriqués en execution de l'Edit du mois de May 1718. y ont été reçûs à la piece sur le pied de - - - - - -	36		
Les Ecus de 10. au marc de la même fabrication sur le pied de - - - - - -	6		
Les demis, quarts, & sixiémes à proportion.			

Et lors que les Especes & matieres ont été portées aux Monnoyes sans Certificats de liquidation, elles y ont été reçûes sur le pied : SÇAVOIR.

Le marc d'or à - - - - 945. liv.
Et le marc d'argent à - - - - 63. liv.

Les Loüis d'or de 25. au marc, & les Ecus de 10. au

marc fabriqués en execution de l'Edit de May 1718. y ont été reçûs à la piece à raison de 37. liv. 16. sols le Loüis d'or & de 6. livres 6. sols, l'Ecu, les demis, quarts & sixiémes à proportion.

Par Arrêt du 5. Août 1723. les Loüis d'or fabriqués ou reformés en execution de l'Edit du mois de Septembre 1720. du poids de 7. deniers 16. grains qui est celuy qu'ils devoient avoir au sortir de la fabrique, furent reçûs sans diminution dans les payemens sur le pied de sept deniers 15. grains trebuchans, & à 7. deniers 14. grains trebuchans, Ils ont eu seulement cours pour 44. livres, donnant 5. sols pour le foiblage. Ceux de moindre poids furent decriés de tout cours & portés aux Hôtels des Monnoyes où ils y ont été payés sur le pied de 900. livres le marc, en y portant un huitiéme en Certificats de liquidation, & sur le pied de 940. livres sans aucuns Certificats de liquidation.

1723. Fabrication des Loüis d'Or de 37. & demy au marc.

	livres	sols
Par Edit du mois d'Août 1723. il fut ordonné qu'il seroit fabriqué des Loüis d'or à la taille de 37. & demy au marc du poids de 5. deniers 2. grains qui ont eu cours pour - - - -	27	
Les doubles & demis à proportion.		
Il a été ordonné par le même Edit que les Ecus de dix au marc fabriqués & reformés par l'Edit du mois de Septembre 1720. du même poids & titre que ceux fabriqués par l'Edit du mois de May 1718. qui avoient cours pour 7. livres 10. sols seroient reduits à - - - - - - - - - -	6	18
Les tiers, demis, &c. à proportion.		
Le même Edit a augmenté les Ecus de dix au marc non reformés pour avoir cours dans le commerce sur le pied de ceux cy-dessus, pour -	6	18
Les demis, tiers, &c. à proportion. Et les Loüis d'or de 25. au marc du poids de 7. deniers 15. grains trebuchans, ont eu cours pour - - -	39	12
Les Loüis d'or de 7. deniers 14. grains trebuchans pour - - - - - -	39	7
Les demis à proportion; & ce jusqu'au 1. Decembre 1723. passé lequel temps, decriés & hors de cours.		

Prix de l'Or & de l'Argent porté à la Monnoye & au Change.

Marc d'Or - 997. liv. - { les 4. den. deduit - 980. l. 7. s. 8. d.
Marc d'argent - 68. liv. { Au Change - - - 66. l. 17. s. 4. d.

L'arrêt du 30. Novembre 1723. proroge le cours des Ecus de 10. au marc, les tiers, sixiémes & douziémes à proportion de 6. livres 18. sols l'Ecu.

Par Arrêt du 4. Fevrier 1724. les Loüis d'or de trente-sept & demi au marc furent reduits de 27. livres à - - - - - - - - 24

Les Ecus de 10. au marc de 6. liv. 18. sols à - 6

Les demis, quarts, &c. à proportion.

Marc d'Or à - - - 885. liv.
Marc d'Argent à - - - 60. liv. 10 s.

Par Arrêt du 27. Mars 1724 les Loüis d'or de 37. & demi au marc ont eté reduits à - - 20

Les Ecus de 10. au marc à - - - 5

Les demis, tiers, &c. à proportion.

Marc d'Or à - - - 735. liv.
Marc d'Argent à - - 49. liv.

Les pieces dites de 30. deniers ou mousquetaires qui avoient cours pour 3. sols ont été reduits par ledit Arrêt à - - - - - - - 2 3

Les sols ou douzains à - - - - - 1 6.

Les sols de cuivre à - - - - - 1 5

Les liards à - - - - - - 3

Par Arrêt du 22. Septembre 1724. les Loüis de 37. & demi au marc furent reduits de vingt livres à 16

Les doubles & demis à proportion.

Les Ecus de dix au marc de cinq livres à - 4

Les demis, quarts, &c. à proportion.

Les Loüis & les Ecus des anciennes fabrications ont été reçûs à l'Hôtel des Monnoyes sur le pied d'un cinquiéme de diminution du prix reglé par l'Arrêt du 27. Mars précedent.

1724. Fabrication des Ecus de dix trois-huitiémes au marc.

Par Edit du mois de Septembre 1724. il a été fabriqué des Ecus de 10, trois-huitiémes au marc, qui ont eu cours pour - - - - 4

Les quarts, dixiémes à proportion.

Les Arrêts des 16. Janvier & 24. Juillet 1725. don-

nent cours aux Ecus de 10. au marc, fabriqués ou reformés par les Edits des mois de May 1718 & Septembre 1720. jusqu'au premier Novembre sur le pied de 4. livres l'Ecu, les tiers, sixiémes, &c. à proportion.			
Par Arrêt du 4. Decembre 1725. les Loüis d'or de 37. & demi au marc, & les Ecus de 10. & de 10. 3. huitiémes au marc, ont été reduits au premier Janvier 1726. SÇAVOIR,			
Les Loüis de 37. & demi au marc de 16. livres à -	14		
Les doubles & demis à proportion.			
Les Ecus de 10. & de 10. 3. huitiémes au marc de 4. livres à - - - - -	3	10	
Les demis, tiers, quarts, &c. à proportion.			
Le marc des Loüis d'or décriés, des Pistoles d'Espagne, des Millerets & Guinées d'Angleterre à - - - - - 514. l. 10. s.			
Le marc des Ecus de France décriés, des Piastres & Reaux d'Espagne & les Ecus d'Angleterre à - - 35. l. 12. s. 3. d.			
Par Edit du mois de Janvier 1726. il a été fabriqué des Loüis d'or à la taille de trente au marc du poids de 6. deniers 9. grains qui ont eu cours pour	20		*1726. Refonte generale des Especes d'Or & d'Argent*
Les doubles & demis à proportion.			
Et des Ecus à la taille de 8. & trois dixiémes au marc du poids de 23. deniers un grain qui ont eu cours pour - - - - -	5		
Les demis, cinquiémes, dixiémes & vingtiémes à proportion.			
Il a été ordonné par le même Edit que toutes les anciennes Especes d'or & d'argent seroient decriées de tout cours, à commencer du jour de sa publication, lesquelles Especes ont été reçûës aux Hôtels des Monnoyes sur le pied : SÇAVOIR,			
Le marc d'or à - - - 492. liv.			
Et le marc d'argent à - - - 34. liv.			
Le même Edit a donné cours dans le Commerce depuis le premier Fevrier jusqu'au dernier Avril audit an, aux Loüis d'or de 37. & demy au marc, & aux Ecus de 10. & 10. trois huitiémes au marc:			

SÇAVOIR,

Les Loüis d'or de 37. & demy au marc pour -	12	
Et les Ecus de 10. & 10. trois-huitiémes au marc pour - - - - - -	3	

Les demis, quarts, &c. à proportion.

Par le même Edit il a été permis de porter les anciennes Especes d'or & d'argent aux Recettes de Sa Majesté, pendant les mois de Février, Mars, & Avril 1726. & y ont été reçûës sur le pied: SÇAVOIR,

Les Loüis d'or de 36. un quart au marc pour -	13	7
Ceux de 30. au marc pour - - -	16	4
Ceux de 20. au marc pour - - -	24	6
Ceux de 25. au marc pour - - -	19	8
Et ceux de 37. & demy au marc pour - -	12	18
Les doubles & demis à proportion.		
Les Ecus de neuf au marc pour - -	3	14
Ceux de 8. au marc pour - - -	4	3
Ceux de 10. au marc pour - - -	3	6
Et ceux de 10. trois-huitiémes au marc pour -	3	4

Les demis, quarts, &c. à proportion.

Par Arrêt du 2. Mars 1726. il a été ordonné qu'il ne pourra être transporté hors des Villes où il y a Hôtel des Monnoyes, aucunes autres Especes d'or & d'argent que celles fabriquées en consequence de l'Edit du mois de Janvier précedent.

L'Arrêt du 30. Avril 1726. proroge les diminutions ordonnées par les Articles 4. 5. & 6. de l'Edit du mois de Janvier précedent.

Par Arrêt du 26. May 1726. les Especes de la derniere fabrication ordonnée par l'Edit du mois de Janvier dernier ont été augmentées:

SÇAVOIR,

Les Loüis d'or de 30. au marc pour - -	24	
Les Ecus de 8. & 3. dixiémes au marc pour -	6	

Les demis & autres diminutions de l'Ecu à proportion.

Qu'à commencer du jour de la publication dudit Arrêt toutes les anciennes Especes d'or & d'ar-

	l.	s.	d.
gent fabriquées dans les Hôtels des Monnoyes seront reçuës dans les Bureaux des Recettes de Sa Majesté : SÇAVOIR,			
Les Loüis d'or de 36. un quart au marc pour -	17	6	
Ceux de 30. au marc pour - - -	21		
Ceux de 20. au marc pour - - -	31	10	
Ceux de 25. au marc pour - - -	25	4	
Et ceux de 37. & demy au marc pour - -	16	16	
Les Ecus de 9. au marc pour - - -	4	15	
Ceux de 8. au marc pour - - -	5	7	
Ceux de 10. au marc pour - - -	4	5	6
Et ceux de 10. trois-huitiémes au marc pour -	4	3	6
Les diminutions desdits Loüis & Ecus à proportion.			
En execution dudit Arrêt le marc des anciennes Especes a été reçû aux Hôtels des Monnoyes sur le pied : SÇAVOIR,			
Le marc des anciens Loüis d'or à 637. l. 10. s.			
Et le marc des anciens Ecus à 44. l.			
Par Arrêt du 8. Juin 1726. les sols qui étoient à 18. deniers ont été augmentés pour - -	-	1	9
Les pieces dites de 30. deniers ou mousquetaires à	-	2	6
Les demis à proportion.			
Par Arrêt du 15. Juin 1726. le marc des anciens Loüis d'or a été fixé pour être reçû aux Hôtels des Monnoyes jusqu'au premier Janvier 1727. à raison de 678. l. 15. s.			
Et le marc des anciens Ecus à 46. l. 18. s.			
Ledit Arrêt ordonne que les anciennes Especes seront reçûës à la piece jusqu'audit jour premier Janvier 1727. dans les Bureaux des Recettes de Sa Majesté :			
SÇAVOIR,			
Les Loüis d'or de 36. un quart au marc fabriqués avant l'Edit du mois de May 1709. pour -	18.	7	
Ceux de 30. au marc fabriqués par les Edits des mois de May 1709. & Decembre 1715. pour -	22	6	
Ceux de 20. au marc fabriqués par l'Edit du mois de Novembre 1716. pour - - -	33	9	
Ceux de 25. au marc fabriquez par les Edits des			

mois de May 1718. & Septembre 1720. pour	26	15
Et ceux de 37. & demy au marc fabriqués par l'Edit du mois d'Août 1723. pour	17	18
Les Ecus de 9. au marc fabriqués avant l'Edit du mois de May 1709. pour	5	1
Ceux de 8. au marc des fabrications de 1709. & 1715. pour	5	15
Ceux de 10. au marc des fabrications de 1718. & 1720. pour	4	11
Et ceux de 10. trois huitiémes au marc fabriqués par l'Edit du mois ~~d'Aoust~~ de Septembre 1724. pour	4	9
Les diminutions desdits Loüis & Ecus à proportion.		
L'Arrêt du 15. Juin 1727. proroge jusqu'au premier Janvier de l'année prochaine 1728. l'execution de ceux des 15. Juin & 14. Decembre 1726. concernant le prix des anciennes Especes & matieres d'or & d'argent, lesquelles seront reçûës dans les Bureaux des Recettes de Sa Majesté & aux Hôtels des Monnoyes, ainsi que par les Changeurs, sur le pied fixé par l'Arrêt cy-dessus du 15. Juin 1726.		

BERNARD CHAUVELIN, Chevalier, Seigneur de Beausejour, Conseiller d'Estat, Intendant de Justice, Police, Finances & des Troupes de Sa Majesté en Picardie, Artois, Boulonnois, Païs conquis & reconquis.

VEU l'Extrait cy-dessus des Edits, Declarations & Arrêts, concernant les Fabrications, augmentations, & diminutions des Especes d'Or & d'Argent depuis l'Edit du mois de Septembre 1640. jusqu'à ce jour, contenant 32. pages.

NOUS avons permis & permettons à la Veuve de Jean-Baptiste Morgan, d'Imprimer ledit Extrait & de le distribuer dans l'étenduë de nôtre Département. FAIT par Nous Intendant susdit à Amiens ce vingt-troisiéme jour du mois de Juin mil sept cens vingt-sept. *Signé*, CHAUVELIN.

www.ingramcontent.com/pod-product-compliance
Ingram Content Group UK Ltd.
Pitfield, Milton Keynes, MK11 3LW, UK
UKHW020507180726
13839UKWH00004B/1956